LA RÉVOLUTION

DE

DEMAIN

PARIS

IMPRIMERIE BALITOUT, QUESTROY ET Cᵉ

7, rue Baillif et rue de Valois, 18

Le Comte de **MONTFERRIER**

LA
RÉVOLUTION

DE

DEMAIN

PARIS

E. DENTU, LIBRAIRE-ÉDITEUR

PALAIS-ROYAL, 17-19, GALERIE D'ORLÉANS

1871

Tous droits réservés.

Il ne s'agit plus aujourd'hui d'opposition à l'un ou à l'autre parti, à telle ou à telle dynastie.

Il s'agit de réorganiser les Français pour reconquérir la France.

Il faut nous rendre un principe robuste, vital, qui puisse nous régénérer et ramener les esprits à leur véritable but : l'indépendance de nos malheureuses provinces d'Alsace et de Lorraine.

Envisageons donc froidement la position, laissons de côté les récriminations, quitte à y revenir plus tard ; faisons la part des événements, en en laissant la responsabilité à ceux qui les ont amenés, et voyons ce qu'il faut pour arriver au plus tôt à remuer le cœur noble et martial de cette belle nation que nos ennemis croient avoir écrasée, et qu'ils n'ont fait qu'éveiller.

Alsaciens et Lorrains, courbés sous le joug prussien, c'est à vous que nous en appelons !

A vous, citoyens de Metz et de Strasbourg, qui allez nous juger !

Se fait-il sous ce gouvernement, et peut-il se faire quelque chose de grand et d'utile pour vous ?

Alsaciens et Lorrains, victimes de notre faiblesse physique par suite de notre décadence morale, vous devez être l'objectif de toutes nos pensées, de tous nos regrets, de tout notre amour !

En est-il ainsi ?

Non !

Déjà les ambitieux vous font oublier par leurs scandaleuses menées et, triste spectacle, déjà leurs misérables adeptes se plaignent de vos cris de douleur qui gênent leurs ténébreux projets.

Comme tous, et plus que tous, nous avons prôné Gambetta, le soi-disant homme de la guerre à outrance, et notre désillusion a été d'autant plus grande que nous avions cru plus sincèrement en lui.

Nous l'avons vu de près à Bordeaux, pâle et tremblant au milieu de son fatal entourage ;

après avoir tout abandonné au hasard, n'ayant pas seulement la force de dire une parole, sa seule arme, pour vous défendre ; optant en faveur de Strasbourg, et se faisant des ruines encore fumantes de cette noble cité un escalier dérobé pour fuir avec ses acolytes.

Mais, assez de ces retours, l'avenir est heureusement à nous !

Au nom de la Lorraine et de l'Alsace, Français, hâtons la délivrance !

Qui donc est content de la situation actuelle?

Sont-ce les vrais républicains?

Non, ils ne veulent pas, quel que soit le titre qu'il prenne, d'un *roi de la République*.

Sont-ce les bonapartistes?

Non, car ceux qui sont honnêtes ne peuvent reconnaître le crime du 4 septembre.

Les légitimistes?

Ils voient avec tristesse se mouvoir, dans une ombre qu'un soleil avancé cherche en vain à grandir, les petits-fils de Philippe-Égalité.

Les orléanistes?

Ils trouvent que M. Thiers, sous prétexte de les servir, occupe trop longtemps la place.

Enfin, les socialistes?

Oh! ceux-là sont les plus mécontents, et surtout les plus à craindre; ils sont furieux de tout, car c'est leur sang qui arrose les champs de bataille de tous les partis, et leurs ossements servent de marchepied aux trônes d'occasion; vainqueurs ou vaincus, ils sont toujours les victimes.

Qui donc est content?

Par conséquent, qui oserait affirmer que l'état actuel n'est pas la veille d'une révolution.

La chose étant certaine, examinons les faits accomplis, afin de préjuger ceux à venir; et sans avoir la prétention de mettre une digue aux passions soulevées en ce moment, ce qui est matériellement impossible, envisageons avec sang froid les événements et prévenons les malheurs, en pesant les hommes qui veulent à tout prix jouer un rôle dans cette triste comédie humaine.

Nous pourrons, en regardant ce qu'ils ont fait, nous rendre un compte exact de ce qu'ils feront.

Encore une fois, Alsaciens et Lorrains, veillez bien! vos destinées sont en jeu.

Si l'homme a été créé et mis sur la terre pour y vivre de la vie animale purement et simplement, sans espoir d'une vie future, qui l'indemnisera de l'infortune présente?

Il faut avouer qu'il est des créatures bien malheureuses et bien disgraciées de la nature, puisqu'ayant les mêmes besoins, les mêmes désirs, les mêmes aspirations que les plus fortunés, quelles que soient leur énergie et leur volonté, elles ne peuvent arriver, par suite de leur défaut d'origine, à vaincre la fatalité qui les enchaîne. On comprend alors la haine du petit pour le grand, du pauvre pour le riche, du bossu pour l'homme droit, de celui enfin qui est moins pour celui qui est plus. Mais telle n'est pas la position de l'homme sur la terre et les polémistes, les sophistes et les libres-penseurs, en jetant le désarroi dans la société, ont amené des révolutions successives sans pouvoir rien améliorer, car on ne peut renverser l'ordre naturel, et quand on veut brusquer la raison, on marche vers un bouleversement, un cataclisme, un abîme.

C'est le gouffre qu'il faut éviter, et pour cela, il faut sans crainte dire :

Pour qu'il puisse vivre, un peuple doit avoir une religion.

Sans la loi divine, qui est au cœur ce que la loi humaine est à l'esprit, il ne peut y avoir de force morale, car la religion seule fait comprendre aux hommes que, s'ils ne sont point égaux sur la terre, ce qui est impossible, ils le sont du moins par la mort, porte de la vie inconnue dans laquelle seront jugés tous les actes d'ici-bas.

Pourquoi un ouvrier, qui travaille du matin au soir et souvent du soir au matin pour un salaire qui suffit à peine à payer sa nourriture et celle de sa famille, aimerait-il la société? S'il économise, c'est sur son nécessaire, souvent au détriment de sa santé.

C'est principalement dans les durs labeurs de la campagne que le travail, sans chance d'avenir, est le plus commun ; aussi est-ce là que le socialisme fait le plus de prosélytes en attirant les ouvriers dans les villes, où il est plus facile de leur inculquer les fausses doctrines.

Le mal prend de grandes et désastreuses proportions ; il est cependant un moyen de conjurer l'orage, c'est de se hâter de ramener cette partie intéressante de la société à la véritable application de la vie, c'est-à-dire à la religion, au lieu de l'en écarter par l'athéisme.

Il est bon de noter que ce sont les propriétaires qui ont éloigné, par leur exemple, les populations rurales du chemin de la vérité, pour faire eux-mêmes acte d'indépendance, véritables aveugles jetant au loin par orgueil leur bâton ! !

La décadence morale est effrayante, et Dieu renié porte son propre châtiment dans le cœur de celui qui le méconnaît.

Il faut une croyance à l'homme, c'est dans sa nature ; le Créateur lui a incarné l'idée du Créateur, et l'on voit les *libres-penseurs* se mettre tous sous le joug de sectes absurdes, parce qu'il y a une force invincible qui les pousse vers une croyance quelconque.

L'absence de principes, est la cause du travail qui se fait dans les esprits et les porte à l'athéisme qui les fatigue, car l'inconnu qui nous environne démontre tellement une puissance infinie, supérieure à ce que la pensée peut avoir d'étendu, qu'il est beaucoup plus facile de croire en Dieu que de n'y pas croire.

Mais si les principes religieux ont fait défaut, c'est que le principe humain a manqué.

Le jour où le peuple a cessé de respecter son roi, il a commencé à renier son Dieu; et de mal en pis la progression est si rapide que l'on atteint tout de suite au chaos.

Il peut sembler, au premier abord, difficile de revenir sur des faits accomplis, parce que l'on craint de voir la dynastie bourbonnienne ramener avec elle des tyrannies qui ne sont plus de notre temps; là est l'erreur, le siècle a marché et la légitimité a suivi ses progrès; comme toute royauté de droit, elle a pour bagage la bonté et la justice; en un mot l'honnêteté, c'est-à-dire l'amour et le bonheur du peuple.

Elle entraîne avec elle, principe incontestable, les alliances des gouvernements qui représentent ses idées : la Russie, l'Angleterre et l'Autriche.

Elle réprouve l'usurpation et la force brutale qui sont la tyrannie, ayant pour elle le droit et le courage.

Mille années ont, sous les règnes glorieux de nos rois, fait de la France la plus grande nation du monde, et il est facile de prouver à l'Europe qu'un instant de revers, amené par une désorganisation morale momentanée, ne peut abattre un peuple aussi valeureux que le nôtre.

Mais pour arriver à un bon résultat, il faut se hâter, car on descend plus vite que l'on ne monte. Il faut faire appel à la raison, reconnaître que le mal a pris sa source il y a quarante ans seulement au pied de la colonne de Juillet, et cautériser sans pitié une plaie qui semble vouloir se rouvrir.

A ceux qui attaquent la légitimité, parce qu'elle est basée sur la religion, demandons si l'absence de principes religieux a fait de meilleurs soldats que les zouaves pontificaux et les volontaires de l'Ouest?

Demandez aux patriotes de Bordeaux ce qu'ils en disaient :

« Ceux-là se feront **tuer** pour la France, et ce

sera toujours autant d'ennemis de moins pour la République. »

Voyez si les contrées qu'ils ont traversées s'en plaignent : quelle terreur ils inspiraient aux Prussiens.

C'est qu'ils respectaient, en honnêtes gens, la propriété du paysan, et combattaient l'ennemi avec le courage réfléchi que donne la foi.

Vus comme hommes, étaient-ils moins intelligents que tous ces pillards qui traitaient le sol français en pays conquis, absolument comme les Allemands, qu'ils trouvaient moyen par une fuite honteuse de ne jamais rencontrer, afin sans doute de se conserver à la République, et de venir plus tard brûler Paris?

Non, tout le monde leur a rendu justice ; ils mettaient la même ardeur à défendre la patrie que les autres ont mise à lui infliger double souffrance.

C'est qu'eux avaient une croyance, et que les autres ne croyaient en rien.

Aujourd'hui il ne s'agit plus de se faire d'illusions, le mal est fait, il faut le réparer ; le temps des récits de victoires imaginaires, colorant de lâches déroutes causées par de viles débauches est passé, il faut se préparer à une lutte sérieuse : à la vie ou à la mort.

La France possède une vitalité sans égale, si elle a faibli c'est par suite de maladies, il faut les guérir au plus tôt.

C'est au peuple qui a bon cœur, c'est au peuple, qui lui aussi a donné ses preuves de courage, à faire connaître sa volonté.

Les puissants bâtards du jour oublient le malheur de nos frères annexés, c'est au peuple à les en faire souvenir ; c'est au peuple qui tient entre ses mains le suffrage universel, qu'il ne doit jamais abandonner, à rétablir le principe qui doit régénérer la France.

Examinons les motifs de notre décadence, et faisons jaillir la lumière aux yeux des moins clairvoyants, si souvent exploités par les ambitieux.

Le grand mot avec lequel on remue les masses et l'on fait des révolutions, c'est :

La République !

Qu'est-ce donc que la République, et quel bénéfice en retire le peuple, que depuis un siècle on fait massacrer pour y arriver ?

La République est la route directe des pontons, dans lesquels on entasse les républicains aux grands éclats de rire des Gambetta, mystifiés à leur tour par d'autres égoïstes du même genre.

Que le peuple raye donc ce mot mortel pour lui des archives de sa puissance, qu'il se raidisse contre le courant qui l'entraîne, qu'il regarde un seul instant les hommes qui l'exploitent, et il verra la vérité luire comme un soleil : la République est un tombeau dans lequel des voleurs hardis veulent le faire entrer vivant pour mieux l'étouffer.

Nous avons nous-mêmes été séduits par les grandes idées d'égalité, qui semblent attachées à ce mot terrible ; nous avons espéré y trouver quelque chose pour la classe déshéritée de la fortune ; mais le retour a été prompt ; au lieu de principes nous n'avons vu que les aspirations basses de personnalités douteuses. De grands discoureurs faisant des émeutes pour avoir l'occasion de faire des discours ; décorant de vils rapporteurs qui leur donnaient par leurs exagérations et leurs mensonges des textes d'insultantes proclamations ; se félicitant extérieurement des malheurs publics qui leur permettaient de jeter à la face des peuples leurs phrases démoralisantes.

Des avocats financiers, abusant de la ruine de la patrie, et de ses besoins urgents pour s'assurer un avenir royal.

Des militaires s'emparant par l'intrigue de com-

mandements qu'ils se savaient incapables d'exer-
cer, et conduisant, sans s'y exposer eux-mêmes,
des soldats inexpér'mentés à la boucherie, ou leur
imprimant au front un stigmate de honte, en les
entraînant par leur exemple dans des déroutes insensées.

Puis, trônant au milieu des désastres, en vrai
traître de drame, un énergumène hurlant comme
un sourd pour faire croire à son courage, et mon-
trant de loin à une foule affolée de désespoir et de
rage, les champs de bataille où elle doit semer
ses cadavres.

Voilà le spectacle qui s'est offert à nos yeux
pendant la période à jamais néfaste dans les an-
nales de la gloire française, du gouvernement de
Tours et de Bordeaux.

Laissons donc de côté, ces étudiants en go-
guette ; leur patriotisme ne dépasse pas les portes
de la taverne, ils marchent, par une route tor-
tueuse, au socialisme ; mais ils n'ont pas le courage de ce parti, qui entre en lutte avec la société,
ouvertement et sans détour aucun.

Il faut cependant un gouvernement à la
France.

Si elle nie le principe royaliste, à quoi pourront
se rallier les honnêtes gens qui comprennent que
tout l'honneur de la nation est dans le rétablisse-
ment de l'intégralité de son territoire ?

Il y a bien en ce moment un semblant de pouvoir, ayant pour lui la force physique, et composé en partie de ces hommes qui, à Bordeaux, avalèrent d'un trait sans sourciller le tonneau de honte que l'on appelait la paix quand même.

Ils ont fait le jeu de M. Thiers en votant la déchéance del'Empire et en s'érigeaut en constiuants, pour nommer un président à une République qui n'existe pas; le peuple français n'ayant pas été consulté pour répondre s'il lui convient d'accepter les conditions imposées par quelques hardis corsaires qui se sont emparés de la France au 4 Septembre 1870, et l'ont exploitée pour leur compte personnel.

L'état actuel des choses ne peut et ne doit durer, sous peine d'un immense désastre; en admettant même que, grâce à la confiance, toute personnelle, attachée à son chef actuel, il puisse se prolonger sans amener immédiatement la ruine; chaque jour de son existence est une année de perdue pour la réorganisation de la France, pour l'indépendance de la Lorraine et de l'Alsace.

Examinons donc ce qu'il importe de mettre à la place de la période actuelle.

La France, après avoir subi pendant dix-huit années la monarchie orléaniste, sentant pour elle s'abaisser le niveau de la considération de l'Europe, secoua son joug aussi facilement qu'elle se l'était placé sur le front, et acclama la République, pour la renverser avec le même entrain qu'elle avait mis à la proclamer ; et pourtant, tout le monde est forcé d'en convenir, les hommes de 48 valaient mieux que ceux de 70.

C'est que la France est une nation guerrière, qui veut être forte, et pour cela sent le besoin d'être militaire.

Si elle avait eu la sagesse de conserver ses souverains légitimes en 1830, elle fût restée puissante, l'histoire des temps passés est là pour le prouver ; mais le désir du nouveau l'avait entraînée, elle s'était crue faite pour le commerce, comptant sans le cœur bouillant de ses enfants, qui s'élancèrent bientôt des comptoirs sur les champs de manœuvre.

Malheureusement amollis par une paix prolongée, au prix même de l'honneur ; intérieurement partisans des révolutions auxquelles on venait d'élever un monument triomphal, ils applaudirent aux obstacles qu'une opposition intéressée au renversement de l'ordre social sema sans cesse sur le chemin du nouveau souverain qu'ils s'étaient choisis, et participèrent tous ainsi à la ruine générale.

A la suite des tristes événements qui viennent de se passer, la situation se trouve simplifiée, et les malheurs peuvent, si le pays le veut, se changer en un bonheur durable.

La France, après avoir erré pendant quarante ans, n'a plus de gouvernement; qu'elle revienne à celui qui n'a jamais trahi personne et n'a jamais compté de traîtres dans ses rangs. Là, elle trouvera un avenir glorieux; elle ne sera plus exposée à se voir, sous prétexte de République, enlevée par des Césars de cabarets.

Mais si elle tremble devant le tableau exagéré des devoirs que ramène le règne de la morale, il faut, pour le salut des provinces annexées, qu'elle revienne à l'Empire.

Si les hommes du 4 septembre ont mis un aussi grand acharnement à frapper le lion abattu, c'est qu'ils savaient qu'ils étaient les vrais coupables, et que la première réforme pour reconstituer la nation devait être de les supprimer, ou du moins de les réduire au silence, et, mauvais patriotes, plutôt que de risquer d'être dépossédés des positions illégalement acquises, ils ont préféré perdre le sol de la patrie. Quant à la République, tant que nous avons cru en elle, nous l'avons prêchée, même au détriment de la monarchie, aujourd'hui, nous le déclarons avec regrets, elle nous mène tout droit au tombeau.

Bien loin d'être régénératrice, elle contient dans son sein, véritable foyer de discorde, plus de partis qu'il n'y en a dans la France entière.

De toute façon, que l'on revienne à la légitimité ou à l'Empire, ou que par une alliance du principe et du parti on veuille fonder un trône à jamais indestructible et invincible, il faut se hâter car un ver rongeur attaque sans cesse le navire de l'État et menace de le faire sombrer; c'est le socialisme.

« Système d'après lequel le commerce, l'industrie, ne seraient plus exercés par des hommes travaillant isolément, ou faisant travailler sous eux des employés, des ouvriers, mais bien par des groupes d'individus formant des associations dans lesquelles le travail et les bénéfices seraient également répartis. »

Telle est la définition de cette brillante théorie qui a fasciné les esprits faibles, et l'on comprend combien son développement est dangereux dans les classes ouvrières, si faciles à tromper, et toujours prêtes à se croire abandonnées de la société.

Les paresseux furent naturellement les premiers adeptes qui accoururent autour des théoriciens, et ceux-ci étaient comme toujours des déclassés cherchant à abuser de la crédulité publique.

Le monarchisme n'est séparé du socialisme que par une courte période d'anarchie que l'on nomme la République.

C'est le dernier soupir de la société mourante, dont quelques ambitieux veulent se servir pour usurper à leur profit la puissance renversée, ou pour s'en crééer une momentanée.

C'est pendant cette agonie que l'on se sert des mots :

Liberté, Égalité, Fraternité !

dont on se hâte d'abuser.

Or, l'abus c'est la tyrannie que l'on a reprochée aux autres, car naturellement celui-là seul qui a le pouvoir entre les mains, a la liberté, dont il use pour ne fraterniser qu'avec ses adhérents et détruire ainsi l'égalit.

Mais qu'importe aux agitateurs, qui prennent impudemment le titre de penseurs, que les idées qu'ils émettent soient fausses, pourvu qu'elles entraînent la foule, et, triste remarque à faire, plus elles sont absurdes, plus elles font de prosélytes ; notre nature nous poussant à croire le mensonge plutôt que la vérité.

Les déclassés se sont donc emparés de ces utopies, et aidés par l'amour de l'opposition qui anime tout cœur français, ils en ont fait le programme des révolutions ; puis, comme elles ne suffisaient plus à entretenir le feu sacré qu'ils avaient allumé, et que le cercle dans lequel ils travaillaient était trop étroit et trop facile à surveiller, ils songèrent à propager leurs doctrines au loin et à s'unir aux révolutionnaires des autres pays, afin de fonder la République universelle, grand principe de fraternité qui, faisant disparaître les frontières, supprime les conquérants.

C'était la mort de la République et la naissance de l'Internationale.

Quels sont les personnages mystérieux qui ont eu l'idée gigantesque d'aplanir les digues naturelles qui séparent les peuples ?

Qui sont-ils, ceux qui ont rêvé de fonder une unité malgré la diversité des langues ?

Ce sont les juifs, qui étant cosmopolites dans le monde, sont intéressés à ce qu'il ne fasse qu'une nation ; et ils ont été aidés dans leur œuvre par les Prussiens, qui savaient qu'en divisant la France, il leur serait plus facile de la conquérir.

Les Prussiens ! ce nom maudit devrait suffire à faire dissoudre d'elle-même une association qui, fondée dans un but philanthropique, a, par l'ignorance de la plus grande partie de ses adeptes, concouru à la perte de notre malheureux pays ; et maintenant que notre ruine est consommée, à part quelques misérables que la Prusse paye pour attiser le feu et nous empêcher de nous réorganiser, les ouvriers allemands, qui tous ont été soldats, fiers de leur triomphe, insultent aux vaincus, que la veille ils appelaient des frères.

Malheureusement, il n'en est pas ainsi, et l'esprit de vengeance de cette classe égarée est plus à craindre pour nous que pour nos ennemis.

Le socialisme, depuis cette guerre, a fait des progrès rapides sous les inspirations brûlantes de ces messieurs, qui en font le piédestal de leurs candidatures.

Ah ! si le peuple pouvait savoir combien les gambettistes se moquent de lui, combien toutes ces belles protestations de dévouement désintéressé cachent de rires de pitié ; comme il enverrait au diable, d'où elle est sortie, cette clique qui le joue à pile ou face sur les tables des cafés, pendant que lui travaille péniblement dans ses ateliers, ou chôme en attendant un mot d'ordre, heureux encore quand on ne l'envoie pas chercher une réponse à Cayenne ou à Lambessa.

Il faut cependant que ces sanglantes plaisanteries aient une fin, que tous ces hommes, qui ont mieux aimé voir périr la France que de perdre la puissance qu'ils avaient joyeusement escamotée en un jour de douleur publique, soient mis à nu devant ceux qui en ont fait des idoles ; il faut que le peuple sache le peu de cas qu'ils font de son bonheur et de son existence, et notre devoir est de lui affirmer que tout *citoyen en paletot* qui se dit républicain est un niais ou un imposteur, qui cherche à lui monter sur les épaules pour se grandir, et se prépare à le noyer dans la vase quand il n'en aura plus besoin.

Il n'y a de républicain que l'homme en blouse

qui n'a rien, et dès qu'il commence à sentir naître en l i le désir de posséder, il cesse de l'être ; car la République de nos jours tend à devenir sociale, et le socialisme, comme la populace le comprend, c'est le communisme, le bouleversement de la société actuelle, l'anéantissement du capital et le renversement de la propriété.

Voilà cependant vers quoi nous marchons à grands pas, par la négation des principes.

Il n'est que la volonté de la nation, librement consultée sur le choix de son gouvernement, qui puisse nous arrêter sur la pente fatale où nous glissons avec une rapidité vertigineuse, ou sans cela la France, sans Dieu et sans Roi, s'en ira de Gambetta en Thiers, et de Thiers en Gambetta, rejoindre en esclavage nos belles et courageuses provinces d'Alsace et de Lorraine.

Si c'est là ce que désirent les bons bourgeois, les braves campagnards, les petits et les grands propriétaires, les hommes de bon sens en un mot; eh bien, ils n'ont qu'à attendre, le courant les conduit tout droit au gouffre !

Mais s'ils veulent régénérer le pays, voir la raison l'emporter sur les théories insensées, la propriété rester un droit, le vice n'être plus une vertu ; il faut, pour couper court au fléau menaçant, qu'ils accomplissent dès demain, par le vote universel, la révolution que dicte la sagesse ; ou sinon préparons-nous à pleurer sur les ruines de notre pauvre France !

DU MÊME AUTEUR

CHEZ DENTU

A PARAITRE

Le Gouvernement de Bordeaux

LES JUIFS

DE LEUR ROLE EN EUROPE ET DE LEUR INFLUENCE SUR LES DESTINÉES DE LA FRANCE.

www.ingramcontent.com/pod-product-compliance
Lightning Source LLC
Chambersburg PA
CBHW051352060726
47596CB00005B/1878